TAPSALTEERIE
AND ITHE

MARGARET TOLLICK

WINDFALL BOOKS

EDITED BY
LILLIAN KING

ACKNOWLEDGEMENTS

The right of Margaret Tollick to be identified
as author of this work has been asserted in
accordance with the
Copyright, Designs and Patents Act 1988
A catalogue record for this book is available
from the British Library

© October 2008

Cover design - Belle Hammond
Illustrations – Belle Hammond

Typesetting, layout and design by Windfall
Books
Published by Windfall Books, Kelty
01383 831076
windfallbooks@tiscali.co.uk

Printed by Stewarts Of Edinburgh
ISBN NO: 978 0 9557264 2 2

FOREWORD

It is a great pleasure to welcome this book of
Scots poems and rhymes by Margaret Tollick.
Having raised her own family and achieved
educational distinction, as both a teacher and
head-teacher, Margaret's creative energies
burst out anew as a poet and storyteller.
Children and adults alike have been held in the
palm of her hand.

Running through Margaret's three vocations -
as teacher, poet and storyteller - is a love of
the Scots language. Margaret Tollick handles
that language with real respect, verve and
insight. This is not a book of 'dialect' poems
but a contribution to the living national stream
of Scots literature that flows through Barbour,
Henryson, Burns and McDiarmid. 'Oor ain
tongue' is once again affirmed as a source of
vital creativity.

But in this case the imaginative perspective is
that of children and the child in all of us. And
what a view that is - full of zest for life,
humour and a dash of zany topsy-turvydom.
It is wonderful to see Margaret Tollick's poems
finally brought together in this collection. This
book will give great pleasure - and fun - to all
lovers of Scotland and of childhood.

Dr Donald Smith, Director
The Scottish Storytelling Centre

CONTENTS

ABOUT THE AUTHOR

Margaret Tollick is a retired Primary School Headteacher. Born in Glasgow, she has lived in Fife over thirty years, eventually settling in Aberdour. After training as a mature student, she became a primary teacher, first in Port Glasgow, then in Fife. She retired in 1994, having been Headteacher at Dunbog Primary, near Cupar, and at Aberdour Primary.
Now a member of the Scottish Story telling Network, working with schools, adult groups and libraries, Margaret writes poetry in her spare time, and particularly enjoys using the auld Scots words she has kent since she was a bairn.

Little Miss Muffet

See yon Miss Muffet
that sat on a tuffet
feart o an ettercap

Weel Andra an me
we baith agree
she seems a richt wee sap.

Humpty-Dumpty

Humpty-Dumpty
sat on a wa
of coorse he should nivir
hae been there at a'
if he'd heeded his mither
cam doon when she wanted
he widna hae gotten
his heid sae sair dunted.

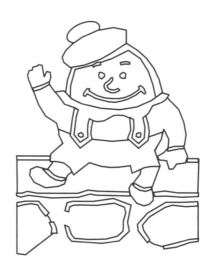

Skinny Doctor McPhee

Skinny Doctor McPhee
went tae Dundee
in the plowterin rain
slippt oan a wet fiver
fell richt doon a siver
an nivir cam up again.

Goosie-Goosie-Gander

Goosie-Goosie-Gander
whaur did ye daunder?
Up the brae
an doon the brae
an roon the duck pond yonder.

Auld Matthew McIver

Ask auld Matthew McIver
tae len ye a fiver?
He widna hae lent ye wan penny
he lies here like a toff, in
his gold plated coffin
left the rest tae his wee lap-dug
Jenny.

Peter Piper

Peter Piper picked a peck
o pickled pepper
whit fir, the daft wee loon?
If Peter Piper picks a peck
o pickled pepper,
we'll be here a' efternoon.

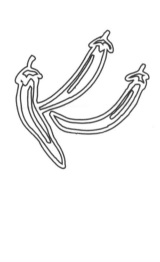

Wee Shona McCrumb

Wee Shona McCrumb
kept oan scratchin her bum
tho tellt tae leave thon scab alane
the dreadfu infection
spread in ivry direction
noo wee Shona lies under this stane.

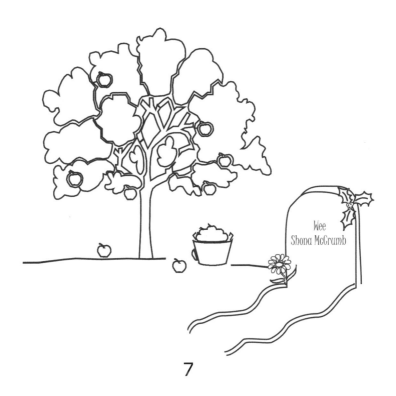

Baa, Baa Black Sheep

Baa, Baa Black sheep
hae ye ony woo?
Aye Sir, Aye Sir, three bags fu
yin fir the maister
wha sairly needs new trews
yin fir his wee wifie
wha aye has a' the news
an yin fir the bonnie bairnie
hush, he's haein a wee snooze.

Sandy MacSkimming

Sandy MacSkimming
went swimming
in a shark-infested ocean
noo his faimly's bereft,
fir a they have left
is his towel
an sun-tan lotion.

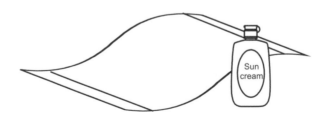

Tweedledum an Tweedledee

Tweedledum an Tweedledee
wir haein sic a rammy
fir Tweedledum said Tweedledee
hid manked his bonnie tammy

But a' o a sudden a muckle crow
as black as a tar barrel
screeched an frichted the laddies so
it fairly stapped thir quarrel.

Young Dougie McMaster

Young Dougie McMaster
swore he cid rin faster
than wan o the new tiltin trains
bit puir Dougie mufft it
he hufft, pufft, then snufft it
an here lie young Dougie's remains.

11

Wee Willie Broon

Wee Willie Broon, get up at the toot
the kye are ramstamming
the sheep ir a' oot
whaur's the wee laddie
fir mindin the sheep?
Under his duvet
soond asleep.

Wee Polly Fraser

Wee Polly Fraser
hugged the radiator

warmin her cauld wee bum

hir mither cam an caught her
an tellt her little daughter

"Shove ower, an let in yer Mum."

Auld John Alexander

Auld John Alexander
went fir a dander
tae buy fish n chips fir his tea

He jist couldna wait
tae get hame fir a plate
an sit doon wi the lot oan his knee
but oan the wey home
Auld John choked on a bone
had his chips richt enough!
Dearie me.

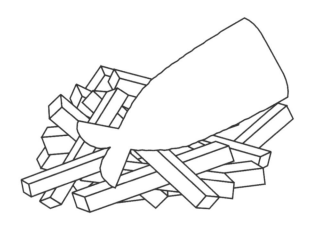

Middlin Tales

Tapsalteerie

Jock an Jean
a pail atween
went tae the well richt cheery
till wee Jock stummelt
an doon he tummelt
an Jean went tapsalteerie.

Wee Jock sat
an roar'd an grat.
said Mither "Whit's the maitter?
Ye've dunt yir croon
ye puir wee loon,
a kiss'll mak it better."

Jean's braw dress
wis sic a mess
she'd landit in a puddle
"Ye've tears an a'
then come awa,
we'll stap them wi a cuddle."

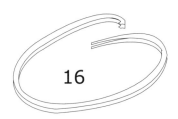

The Jannie

Oor schule Jannie's
a big, strappin man
he cid pulverise a grapefruit
in yin muckle han.

He winna stand fir nonsense
frae ony cheeky lad
an if ye dinna haud yir wheesht,
he'll mak ye wish ye had.

But if ony wee bairn stummles,
an sair the tears rin doon
sae saft oor Jannie's
muckle hans
as he cradles that bairn roon.

Cheatie-Pussie, Cheatie-Pussie

Cheatie-Pussie, Cheatie-Pussie,
whaur did ye gae?

Tae Edinboro Castle
up the lang, stey brae

Cheatie Pussie, Cheatie-Pussie,
whit did ye hear?

A muckle, gurlin monster
makt me loup in the air

Cheatie-Pussie, Cheatie-Pussie,
whit like beastie wis yon?

They cry it Mons Meg,
the wan-o-clock gun.

Six Wee Mice

Six wee mice
wir set tae spin
Puss passed by
an she keeked in

Whit are youse up tae,
my wee men?

Makin trews fir gentlemen.

Can I come ben
and bite aff yir threids?

Na,na, sleekit puss
ye'd bite aff oor heids

Na,na, I winnae,
I'll help ye tae spin

That's a verra weel,
but ye canna come in.

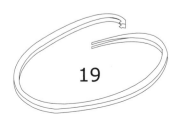

19

Little Boy Blue

Thon Little Boy Blue
whit a silly galoot
he's fa'en fast asleep,
an the beasts are a' oot.

The kye are gallousin,
the sheep far owre the brae,
the corn is a' blooter'd,
an likely the hay.

His faither'll glower,
his mither mak a mou,
then "Up tae bed, laddie,
nae denner fir you."

Holly

Pairt collie

A dab
o Lab

A hint o this
a tint o that

Wha kens
wha cares?

A' this apart
this tail-thumpin

Back-rollin
legs wavin
body hurtlin
face lickin
gyte wee tyke's
fair tae'n ma hert.

Maggie Pit The Kettle Oan

Maggie pit the kettle oan
Maggie pit the kettle on
Maggie pit the kettle oan
mak tea an let it draw.

Aggie tak it aff again
Aggie tak it aff again
Aggie tak it aff again
they're a' up an awa.

Weel I'll nivir again mak
a hame-made scone
if a' o ma freens
are as fickle as yon!

Wir You Like Me

Wir you like me
when I wis wee?

Once, I snippt ma bonnie curls
wi a pair o kitchen shears,
an endit wi a baldie patch
an up the stair in tears

Tiddler guddlin in the burn
I tapsalteeried in
an ran hame, greetin, drookit,
wi naethin in ma tin

Bade mither haud her hand oot
an shut her een up tight
ne'er thinkin ma wee puddock
wid nearly send her gyte

Wir you like me
when I wis wee?

23

Coulter's Candy

Allie-ballie, Allie-ballie-bee
sittin on yir Mammie's knee
greetin fir a fifty-p
tae buy some crisps an cola.

Ma wee Jeannie's sic a butter-ba
a' hir claes ir far too sma
the doctor says it'll nivir dae at a'
tae gie her crisps an cola.

Allie-ballie, Allie-ballie-bee
sittin on yir Mammie's knee
greetin fir a fifty-p
tae buy some crisps an cola.

Huntiegowk

We couldna wait fir March tae scoot
tae mak oor April fun
tae deeve oor mither daft wi ploys,
an hae the teacher on.

At hame, we'd pu an awfy mou
an sweir the milk wis soor
or cry "Thir's soot fa'n doon the lum,
come ben an see the stoor."

We gawkit at the teacher
as if he'd gaen clean gyte,
an cried "Yir jersey's widdershins,
yir shune are left fir right."

But, is thon no a queer-like thing
that canny, grown-up folk
wir awfy easy made the fool
the day o Huntiegowk?

The Lion An The Unicorn

The Lion an the Unicorn
wir fechtin fir the croon
the Lion chased the Unicorn
a' roon the toon.

Some fowk gied them
white breid
some fowk gied them
broon
some gied them baith
a jeely piece
then ramscootered them
oot o toon.

Miss Annie Elizabeth Preacher

Miss Annie Elizabeth Preacher
wis oor favrit maths teacher
ivry theorem she taught us
wis proved tae be true
we'd done multiplications
an lapped up equations
but Miss Annie's age?
We jist hadnae a clue.

There's nae doubt, she aince said
I shall nivir be dead
till the sum o my years
is one hunner
but she got her sums wrang
fir it wisnae that lang
an fir her an fir us
whit a scunner.

She snuffed it wan day
at near fifty-two
and fate said, "Let that
be a lesson to you."

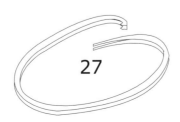

27

Wee Robin Reidbriest

Wee Robin Reidbriest
sat upon a tree
up cam Pussie-Baudrons
an doon cam he.

Richt ahint cam Pussie
an awa Robin ran
taisin Pussie Baudrons
"Catch me if ye can."

Then Robin Reidbreist
skeltered up a wa
Pussie jumped efter him
an slipt an hid a fa.

Wee Robin sang an skittled
whit did Pussie dae at a'?
Pussie gied a whingit miaow
an tail doon, slunk awa.

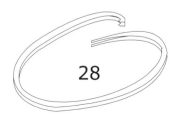

The Dinner Lady

Oor dinner-lady's
a richt wee smasher
an if she's in a guid mood
ye get an extra rasher.

But get her oan a bad day,
she's mingy wi the chips
an it's strictly a "Nae Nonsense" day
her hans abune her hips.

She maks us scrumptious puddins
an mince an tatties too
an when she cries oot "Extras"
ye should see us rin tae queue.

But when her horoscope's a scunner
an she's richt doon in the dumps
watch oot fir frizzled sausages,
an custard fu o lumps.

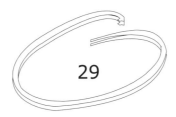

Hush Little Baby

Balulalow, Bairnie,
dinna gie a cheep
Daddy's gaun tae buy ye
a wee lambie-sheep
If that lambie winna bleat nae mair
Daddy's gaun tae buy ye
a comb fir yir hair
If that comb winna saft yir towsie curls
Daddy's gaun tae buy ye
a peerie that birls.

If that peerie winna hum an croon
Daddy's gaun tae buy ye
a braw balloon
If that balloon winna fly awa
Daddy's gaun tae buy ye
a wee rid ba
If that rid ba winna stot an catch
Daddy's gaun tae buy ye
a bowfer cried Patch
If that bowfer winna wag his tail
Daddy's gaun tae buy ye
a boatie tae sail.

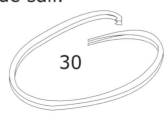

The World Ayont The Windae

Daffies ir jist rlcht fir Spring
glorious, gowden trumpeting.

Bluebells
in formal clumps
in a neat
town-house border
mak me near greet
wi the scent
o ma balrn-wuid's
triumphant
blue disorder.

Scarlet-heavy rowans
rustle an blaw
like leddies in silken goons
curtseyin low.

Seed scattert, nuts hingin
on the nuts, bird swingin
blue as blue, sma as sma
him watchin me
watchln him
jist us twa.

I Saw A Boatie Sailin

I saw a boatie sailin
a-sailin on the sea
an oh, but it was laden
wi bonnie things for thee.

Thir wir soorplooms in the cabin
an aipples doon the hold
the sails wir saft as satin
an the masts wir bricht as gold.

The fower-an-twenty crewmen
that stood atween the decks
wir four an twenty moosies
wi tassles roon thir necks.

The captain wis a cockerel
wi a fine bunnet oan his noodle
an when the boatie left the dock
he cried oot, "Cockadoodle."

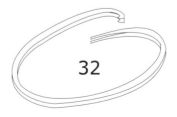

Lang Tales

One, Two, Buckle My Shoe

Yin, twa,
canna dae ma sums at a

Three, fower,
must hae sat here half an hour

Five, six,
no be gettin ony ticks

Seeven, echt,
is this no a richt sair fecht?

Nine, ten,
hae tae stairt them ower again

Eleeven, twal,
need ma fingers, thooms an all

Thirteen, fowerteen,
a wrang yestreen

Fifteen, saxteen,
heid thumpin, sair e'en

Seeventeen, echteen,
it's jist me the teacher's waitin

Nineteen, twenty,
here she comes ma jotter's empty!

Grannie Witchie

When I wis but a lassie
new stairtit at the schule
we had an auld-maid teacher
that we used tae mak the fool.

We cried her Grannie Witchie
fir she wore a pokey hat
an a wide, black coatie
that went flap, flap, flap.

It seemed tae fash her no a bit
when we sang, and skipped behind
an the mair we deeved
the mair we thocht
she disna really mind.

Till cam wan mirky Hallow's Eve
a cat cam on oor sill
an cat eyed her an she eyed cat
an the room grew dark an chill.

Syne she grabbed her coat
an pokey hat
an flung the windae wide
an cried "Fareweel ma bairnies
fir I the mune maun ride."

We gawped like stookies, watchin her
as she sailed towards the mune
shiverin when she waved and lauched
"I'll get ma ain back, soon!"

Snowball

When me an ma wee sister
wir only three or fower
frae early Setterday mornin
we'd be keekin frae the door.

Watchin fir the milkman
drivin no a float or van
but a fine auld horse an cartie
that he managed single-haun.

The horsie's name wis Snowball
fir his coat wis white as snaw
an his harness wis aye shinin
an the cairt wis trig an braw.

We always took an aipple
an auld stale buns or breid
then he'd tickle wi his gentle mou
as he nuzzled fir his feed.

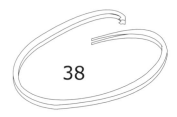

Then Willie, that's oor milkman
wid speir "Are ye twa richt?"
an lift, first yin, an then the naist
up tae the front seat's hicht.

Wi us each side an him atween
he'd click the horse tae "Gee"
while we sat straucht as princesses
fir a' the warld tae see.

If we wir gude, we'd get tae haud
the reins a' by oorsel
an yer spine began tae tingle
an yer hert began tae swell.

It seemed like miles, tho I suspect
we nivir went that far
but oh, the mindin warms ma hert
like some great bleezin star.

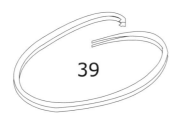

Grannie

Oor faimly wir a great lot fir
talk aroon the table
but Grannie she wis near stone-deaf
an wisna verra able
tae join in a' the bletherin
or follow a' the chaffin
an nivir really understood
whit set us bairnies laffin.

She tholed it quite contentit
her warld ootbye the rest
whaur she nivir heard the blackie sing
his hert oot frae the nest
her hauns wir aye kept busy
wi the knittin or the thread
an her een wir fu o speakin
o the stories that she read.

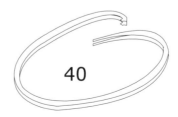

40

Ye whiles forgot her presence
sae douce she sat, sae still
when ye ran tae tell yir mither
some clackin frae the schule.

She died when I wis ten year auld
an oh, I missed her sair
fir the quiet, withoot *her* quietness,
wis awfy hard tae bear.

The Cleanin Wifies

The fower cleanin wifies
like tae keep oor schule perjink
they wash doon a' the tables
an they redd up a' the sinks.

They polish flairs, wash doon stairs,
they "tch" at staffroom fags
they tapsalteerie waste-bins
intae muckle plastic bags.

They get richt black-affronted
if the sand-tray's had a spill
an a spot o paint or dab o glue
fair maks them feel no weel.

They hae the schule a' tae thirsel
frae fower tae nine naist morn
an they tak real pride in polishin
though the lino's auld an worn.

They like tae keep it gleamin
end tae end, an wa tae wa
an if they hid their wey,
I think they'd let in nae bairns at a'.

Cat

Liath
wan o a litter
birthed
up a Dundee close

spared droonin
like the rest
tae gled some young saft hert

grey as granite
lavvy-brush tail
nae pussy this
a' cat

lappit the milk set doon
an the meat served up
daintily enough
but saw nae need o humility

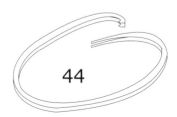

ga'ed his ain road
settin little store
by laps an the like

born hunter
he could hae filled a trophy room
that deft, and quick o claw

oot a' nicht as usual
lookit fir naist morn

once, he nivir cam

an nivir has.

Corbie

Oor new pup got oot the back
then raced aroon the green
then, intae naist-door's gairden
thru the hedge atween

Pochled up the clean back-step
paw-marked ower the flair
skeltered past ma mither
scrambled up the stair

Missed ma bed, but made it
second time he tried,
nosed aneath the duvet
an oot the ither side

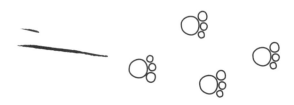

Doon again, still racin
me breathless - worried sick
found him lyin paws in air
eyes closed - his latest trick

Gave him sic a tellin
said we'd hae tae tak him back
then cooried him, the tinker
aneath ma anorak

Och, ye canna keep up scoldin
when yir puppy licks yir face
though fine ye ken the morn's morn
ye'll baith be in disgrace.

O Ye Canny shove yir Granny

O ye canny shove yir Granny
aff a bus
why no, but?

Ah mean,
great if she's a douce wee body
flooer pinnied
knittin oxtered
a poke o sookie sweeties in ir pocket
lauchs like a lintie at yir jokes
maks clootie dumplin fir yir birthday
aye supports yir team

some Granny
fir somebody
yon

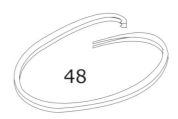

no me but

ma Granny's a
girnin, greetin
toffee-brittle
soor-ploomed shrew

aye clypin tae yir faither
aye gripin tae yir mither
aye wishin she wis deid

shove her aff?

Ah widna even let her oan.

The Three Strangers

They wir awfy braw an grand
three strangers frae afar
speirin at ma faither
fir a baby an a star.

Faither couldna unnerstaun
I kent fine by his face
"I canna think that *royalty*
wid bide in sic a place.

Folk cryin oot fir wine an breid,
folk dossin on the flair?
I canna stop tae listen."
Then he showed them ower the door.

I wis rinnin fir ma mither
fetchin blankets, servin wine
when aw o a sudden sic a thocht
cam bleezin tae ma mind.

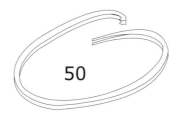

50

Fir I minded o the lassie
an her man in oor ootbye
an the bairnie in the barrie-coat
wha times deeved us wi his cry.

Ma mither thocht I'd gone clean daft
when I drappit a' an ran
tae try an find thae strangers
fore they moved their caravan.

They must hae thocht me daft an a'
as they stood aboot their fire
a wee lassie, rinnin, screechin
"It's thon laddie in oor byre."

The Schule Christmas Party

"We all dress up for parties,
boys and girls" the teacher said
an pairty frocks an Sunday breeks
wis the picture in her head.

But her words wir like a magic spell
in one wee laddie's mind
and ev'n afore the schule had skailed
his ploy wis weel defined.

His mither rued the wind that skirled
hir white sheet frae the green
the cord frae Janet's dressin-goon
wis naewhaur tae be seen.

His faither's auldest walkin stick
jist walked a' by itself
but nane hid thocht o keekin
on the laddie's wee press shelf.

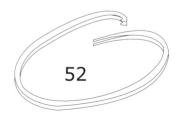

Sae cam the Christmas pairty day
the bairns a' in the ha,
the lassies wir richt bonnie,
the laddies they wir braw.

Wi ribbond curls and polished shoon
bow-ties an Sunday shirts
fine frocks and frilly petticoats
that peeped frae flouncy skirts.

When in ran oor wee laddie
richt lichtsome tae the thrang
till the sudden, stoonin silence
left him lonely, lost and wrang.

Fir his dressin up was naethin like
whit a the ithers had.
jist lads an lassies they were still
but him, a shepherd lad.

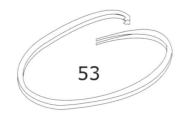

Then: "Willie, you're the clever one
of that there is no doubt
for you've minded us right royally
what Christmas is about.

For there'd never be a Christmas
unless a shepherd boy
had run back home from Bethlehem
to tell the world his joy.

So welcome, Shepherd Willie
for the happiness you bring.
now, you must lead us in our dance
and be the party King."

The bairns a' cheered an clapped
an Willie's warld wis richt again,
as they shoved him tae the middle
tae be Farmer in the Den.

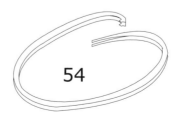

Glossary

balulalow - hushabye
barriecoat - baby's wrapover petticoat
blooter'd - blasted by wind and rain
bowfer - dog
braw - very fine, pretty
breeks - trousers
clypin - telling tales
dab - small amount of
daunder - stroll
deeve - pester
dossin - dozing, sleeping on the floor
douce - gentle and lovable
drookit - soaked to the skin
dunt - a bang on the head
ettercap - spider
fash - bother, annoy
gallousin - running wild
galoot - silly idiot
gawped - stared open-mouthed
grat - cried
gripin - complaining
guddlin - catching fish by hand
gurlin - roaring
gyte - crazy, daft
Hallow's Eve - Halloween
haud yir wheesht - be quiet
huntiegowk - April Fool's Day
lintie - linnet
loon - a young lad
manked - spoilt, ruined

mirky - dark, gloomy
peerie - spinning top
perjink - smart and tidy
ploy - a plan
ploys - tricks
plowterin - pouring
press - a small cupboard
puddock - a frog
ramstammin - blundering headlong
rammy - a scuffle
ramscootered - rushed away
sairly - very badly, very much
scoot - disappear fast
skailed - dismissed from school
skeltered - scampered
skirled - blew away
sleekit - deceitful
soorplooms - sour green sweets
speirin at - enquiring
stey - steep
stookies –statues or plaster casts
strappin - strong, muscular
taisin - teasing
tammy - cap or beret
tapsalteerie - head over heels
tiddler - small fish
towsie - tangled
trews - trousers
whingit - whimpered
widdershins - wrong way round, or back to front